QUELQUES RÉFLEXIONS

SUR UN ARTICLE

DU JOURNAL DE L'EMPIRE,

DU 15 JUILLET 1806.

PAR A. MORELLET.

Un homme de lettres octogénaire, l'un des quarante de l'ancienne Académie française, membre de l'Institut national et de la Légion d'Honneur, est attaqué, dans la feuille du 15 juillet du journal appelé *Journal de l'Empire*, de la manière suivante :

« L'A. Morellet est un mauvais grammairien, un mauvais écrivain, un mauvais académicien. Bafoué des encyclopédistes ses confrères, le plaisant et le divertissant de Voltaire qui aimoit à railler ses valets. Charlatan politique, adoptant les rêveries des économistes en administration, déraisonnant sur la compagnie des Indes et autres objets politiques.

A

Vieillard insensé, ayant perdu toute espèce de bon sens, retombé en enfance, etc. ».

A ces injures grossières le journaliste ajoute des imputations plus graves, en déclarant «que » l'A. Morellet est un mauvais prêtre, dégra- » dant un caractère public et sacré, un de ces » prêtres apostats coupables des plus grands » excès de la révolution, un brouillon, un » perturbateur des lois et du gouvernement de » son pays ; armé de l'impudence d'un homme » qui depuis long-temps a étouffé le cris de sa » conscience, effronté menteur, insigne faus- » saire; entre lequel et les honnêtes gens il ne » peut y avoir rien de commun, malhonnête » homme, il faut trancher le mot; ayant mené » une vie méprisable et par-là mauvais juge en » matière d'honneur, ayant perdu toute espèce » de pudeur, etc. ».

A quoi l'auteur ajoute «qu'en tout ce qu'il » vient de dire il n'a point chanté d'invectives, » qu'il a fourni des faits accablans, des preuves » sans réplique, qu'il a dit des vérités et point » d'injures ».

En achevant de rassembler ce dégoûtant amas d'injures, je me suis représenté un étranger les lisant, soit dans le feuilleton du *Journal de l'Empire*, soit dans la citation que j'en fais ici.

(3)

Si c'est un homme de quelque instruction et
et de quelque goût, connoissant notre littérature et nos mœurs et surtout l'histoire de notre
révolution, il doit se demander à lui-même,
«est-ce que la révolution recommence? Je croyois
qu'un nouveau gouvernement, brillant de tout
l'éclat de la victoire et fort de tous les avantages que lui donne le souvenir des maux
causés par la barbarie, alloit ramener l'urba-
nité française; et voilà un nouveau père Du-
chesne, un autre Marat qui se remontrent sur
la scène. Voilà le style et le ton des assemblées,
des comités, des pamphlets révolutionnaires ».

Quelque étrange que puisse paroître à mes
lecteurs une telle déclamation, j'ajouterai à leur
étonnement en leur apprenant que l'homme
de lettres, le vieillard, le citoyen insulté ainsi
ne s'est attiré en aucune manière une si violente attaque. C'est sur quoi j'ai à démentir
d'abord le sieur Geoffroy, qui, touché sans
doute de quelque scrupule sur le ton de son
article, prévient ses lecteurs *que je l'ai provo-
qué par l'excès d'insolence auquel je me suis
porté dans le* Publiciste.

J'ai déjà déclaré, dans le *Publiciste* du 16
juillet, et j'assure ici de nouveau que je n'ai eu
aucune part aux articles de ce journal qui ont

A 2

QUELQUES RÉFLEXIONS

SUR UN ARTICLE

DU JOURNAL DE L'EMPIRE,

DU 15 JUILLET 1806.

PAR A. MORELLET.

Negligere quid de se quisque sentiat non solùm
arrogantis est sed etiam omninò dissoluti.

Cic.

A PARIS.

Chez **Xhrouet**, imprimeur, rue des Moineaux,
n°. 16.

Déterville, libraire, rue du Battoir, n°. 16.

Petit, libraire, Palais du Tribunat, galerie Virginie,
n°. 16.

Août 1806.

excité *la grande colère* du sieur Geoffroy ; à quoi je puis ajouter que depuis plus d'un an je n'ai rien écrit dans le *Publiciste*, et qu'en aucun temps je n'ai eu avec l'auteur du feuilleton du *Journal de l'Empire* aucune discussion qu'il ait pu regarder comme personnelle entre nous.

Mais, a-t-on dit, l'article du *Publiciste* est souscrit des lettres initiales A. M., ce qui peut justifier M. Geoffroy qui aura cru ne faire qu'user de représailles en répondant à l'A. Morellet.

Cette excuse n'est pas recevable. Il y a beaucoup de gens dont le prénom et le nom sont A. M. Je ne saurois empêcher personne de prendre ce chiffre ; et il est déraisonnable d'attribuer sans autre preuve à tel ou tel individu tout ouvrage souscrit A. M.

En second lieu, quand j'aurois fait l'article dont le sieur Geoffroy a sans doute beaucoup à se plaindre, et quand cet article seroit aussi violent à l'attaque que la réponse du sieur Geoffroy, cette réponse ne seroit pas plus excusable. Quand l'agresseur auroit passé les bornes de la justice et de la raison, ce n'est pas pour celui qui est insulté une excuse et un motif pour les passer aussi. A la vérité il paroît que le sieur Geoffroy, comme les Jésuites de Pascal, a pour maxime *que ce n'est qu'un péché véniel de calomnier et d'imposer de faux crimes pour ruiner de créance ceux qui parlent mal de nous ;* mais cette maxime n'avoit point ici son application, puisque l'homme de lettres sur lequel le sieur Geoffroy s'est jeté avec tant de fureur, ne l'avoit point attaqué.

Après ma déclaration envoyé au *Publiciste*, je pouvois croire que le sieur Geoffroy avertiroit lui-même ses lecteurs de l'erreur dans laquelle il étoit tombé et qu'il en montreroit quelque repentir.

Lamothe, aveugle, se trouvant au spectacle dans une foule, avoit marché sur le pied d'un militaire ; celui-ci donne un soufflet au vieillard. Des cris d'indignation s'élèvent. Lamothe les calme en disant : *Monsieur sera bien affligé lorsqu'il apprendra que je suis aveugle ,* et le militaire en effet se confondit en humbles excuses.

C'est à la suite d'une erreur de même genre que, non moins âgé que Lamothe, j'ai été insulté par le sieur Geoffroy. Il me devoit quelques excuses puisque ce n'est pas moi qui lui ai *marché sur le pied.* Mais c'est inutilement que j'aurois attendu cette justice de lui. Je vois qu'après avoir reconnu que l'homme de lettres qu'il a insulté n'est pas l'auteur de l'article du *Publi-ciste*, il a dit : *Eh bien ! je n'ai pas perdu mon temps, c'est toujours un philosophe de ca-lomnié.*

Dans ce que je viens de transcrire du *Journal de l'Empire*, il est difficile de trouver une critique purement littéraire portant uniquement sur mes ouvrages et dégagée de toute personnalité comme doit l'être toute critique.

Je veux bien cependant appeler de ce nom et regarder non comme juste, mais comme matière *convenable* du feuilleton du *Journal de l'Empire* tout ce qu'on y dit de moi dans la première partie de cette virulente déclamation.

Ainsi je laisse dire au sieur Geoffroy,

Que je suis un mauvais grammairien, un mauvais écrivain, quoiqu'on puisse révoquer en doute la justice de cette sentence en lisant quelques-uns de mes ouvrages et en voyant mon nom inscrit parmi ceux des membres de l'ancienne Académie française et se retrouvant dans la liste de la seconde classe de l'Institut;

Que j'ai été bafoué des encyclopédistes mes confrères, quoique j'aie passé ma vie avec eux et que j'aie reçu de tous des marques d'estime et d'amitié;

Que j'ai été le bouffon et le valet de Voltaire, quoique cet homme célèbre parle de moi avec éloge en plusieurs endroits de sa correspondance qui est entre les mains de tout le monde;

Que j'ai adopté les rêveries des économistes, quoique ces rêveries ne soient rien autre chose que les principes de l'économie publique enseignés par beaucoup d'hommes éclairés depuis le milieu du dernier siècle;

Que j'ai perdu toute espèce de bon sens, que je suis un vieillard insensé tombé en enfance, quoique je remplisse encore journellement les fonctions d'académicien et que je vive dans la société des gens de lettres les plus recommandables et de beaucoup de gens de bonne compagnie, sans y laisser voir, à ce que je crois, de déraison et d'imbécillité.

J'alloue, dis-je, à M. Geoffroy toute la dépense d'esprit qu'il a faite pour divertir ses lecteurs par les jolies choses qu'on vient de lire, et je veux bien laisser croire à ses admirateurs que tout cela est aussi vrai qu'ingénieusement et heureusement exprimé, persuadé qu'on ne sauroit les mieux punir qu'en les laissant jouir en paix de leur admiration pour le sieur Geoffroy.

A 4

Mais en montrant au sieur Geoffroy une si grande indulgence, je me permettrai deux remarques.

Je demande d'abord à quel titre, par quel important ouvrage cet Aristarque dédaigneux a acquis le droit qu'il s'arroge de porter des décisions littéraires si absolues ? quels sont les chefs-d'œuvres qui lui donnent une si grande autorité ?

Il nous avoue lui-même *qu'il n'a pas fait d'ouvrage suivi en littérature* (non plus qu'en aucun autre genre) ; *qu'au lieu de faire un livre qu'on n'eût point lu, il a amassé dans la retraite les matériaux qu'il emploie aujourd'hui, et qu'aujourd'hui il ne parle* (c'est lui qui le dit) *que des musiciens, des danseurs et des acteurs ou des auteurs.* Et voilà le juge suprême de notre littérature !

Et veut-on voir quels sont les enseignemens de ce grand maître pour l'instruction des jeunes élèves de nos lycées, les progrès du goût et l'encouragement de la littérature française ? Voici quelques-unes de ses critiques :

« Voltaire est le prince de la tragédie roma-
» nesque, quoiqu'il n'en soit pas l'inventeur
» (car il n'a jamais rien inventé). Il a seule-

(9)

» ment illustré par des succès ce genre vicieux
» et méprisable. Ses héros, en général, sont
» boursoufflés. Son talent n'a pu briller qu'à la
» faveur du désordre, de l'audace et de la li-
» cence. Il ne sait pas construire le plan d'une
» tragédie : ses moyens sont petits, ses incidens
» romanesques, ses caractères outrés et mal
» soutenus, son style souvent lâche et prosaï-
» que, et son dialogue presque toujours faux ;
» objet de risée pour le vrai littérateur, qui ne
» lui trouve ni raison ni vérité. Jongleur de
» place, attirant par ses miracles l'admiration
» des servantes du quartier, et qui fait lever les
» épaules au physicien qui passe. Ses tragédies
» ne sont pas faites pour être lues : Oreste est
» un centon de lambeaux traînant dans la
» garde-robe de Melpomène ; Zaïre glace et
» bientôt on y rira ; Alzire n'est qu'un foible
» écho de Las-Casas ; Sémiramis ne fait plus
» aujourd'hui que bâiller et rire ; Amenaïde
» est plus ridicule que tragique, etc., etc. ».

Ma seconde remarque, encore relative à la
partie de l'article du Feuilleton, que je veux bien
regarder comme une critique littéraire, est que la
critique, portée à cet excès de grossièreté, est
funeste aux lettres, et met de puissans obstacles
aux progrès de l'instruction et du goût. L'effet
nécessaire des critiques injurieuses sans modé-

ration et sans mesure, doit être de détourner beaucoup de bons esprits dans toutes les classes de la société, de communiquer leurs lumières dans des ouvrages d'instruction, et de nous faire jouir des agrémens de leur esprit dans des ouvrages d'imagination.

Je connois plus d'un auteur d'ouvrages utiles et ingénieux qui rejette avec une sorte d'horreur la seule pensée de les publier, frappé de la crainte de se voir en butte à l'injustice et à l'impertinence des critiques de nos jours.

De là il arrive qu'il ne reste plus dans la carrière que ceux que le défaut de fortune force de s'y jeter, accoutumés à regarder les injustices et les impertinences des critiques comme un mal nécessaire, comme un inconvénient du métier; mais tous ceux pour qui la littérature n'est pas un moyen d'exister, s'éloignent d'une occupation qui les expose à de pareils désagrémens. Et qui peut calculer les pertes qui résultent de cet état de choses pour l'instruction publique et les progrès de l'esprit humain?

J'ai vu autrefois, dans beaucoup de journaux, un ton plus honnête, quelques égards, quelque mesure dans les critiques littéraires. Desfontaines et Fréron même se sont tenus bien en-deçà de cette violence. Mais aujourd'hui les lecteurs sont blasés : c'est le ton que doit prendre un journal pour avoir douze ou quinze mille souscripteurs. Un succès pareil justifie tout, et ceux-là surtout qui vivent directement ou indirectement de cette chasse aux gens de lettres, disent comme Valère dans l'*Avare*, mais plus sérieusement que lui : *Quinze mille souscriptions ! voilà qui décide tout. Il n'y a pas de réplique à cela. Qui diantre peut aller là-contre ? Cela ferme la bouche à tout. Le moyen de résister à une raison comme celle-là !*

Mais en regardant comme littéraires, et en passant au sieur Geoffroy toutes les critiques contenues dans la première partie de sa déclamation, quoiqu'elles s'écartent, comme on voit, beaucoup du genre, je ne puis voir avec la même indifférence les injures qu'il adresse à ma personne et à mon caractère moral. Je ne puis me laisser appeler tranquillement *un menteur, un faussaire ;* je ne puis laisser dire que j'ai abusé *et mystifié les gens en place pour en tirer des pensions, que j'ai mené une vie méprisable ;* je ne puis me laisser traiter de *malhonnête homme, d'ennemi des lois et du gouvernement de mon pays.* Je répondrai donc, quoique beaucoup d'amis aient voulu me détourner de répondre.

On m'a dit en effet, de toutes parts, que les injures portées à cet excès, et notamment les injures de M. Geoffroy, ne peuvent pas m'atteindre, et que la paix de mon âme n'en doit pas être troublée ; que, loin de me nuire dans l'opinion publique, elles ont servi à réveiller pour moi quelques sentimens d'estime et de bienveillance, dont j'ai en effet reçu à cette occasion de nouveaux témoignages.

On m'a dit que, malgré l'indulgence et même le goût qu'on montre aujourd'hui pour la satire, je serois injuste envers mes contemporains, si je pensois que des imputations aussi grossières, dénuées de toute vraisemblance, démenties par ma conduite publique, pussent prendre quelque crédit ; que, vivant depuis plus de cinquante ans sous les yeux du public, dans la capitale, dans la société des gens de lettres et de personnes distinguées par leur rang et leurs places, j'étois assez connu pour n'avoir pas besoin de descendre à une justification, etc.

On m'a dit tout cela, mais on ne m'a pas persuadé.

Assurément, je ne laisserai pas empoisonner les courts restes de ma vie par un sentiment trop amer d'injures manifestement dictées par la violence de l'esprit de parti, èt dont je suis défendu par l'opinion de tous ceux de qui j'ai l'honneur d'être connu ; mais je ne me pique pas nou plus d'une apathie qui ne pourroit être en moi que l'effet d'une indifférence entière à l'opinion de mes semblables.

Si la calomnie n'affligeoit pas celui qui en est l'objet, le crime du calomniateur ne seroit pas si grand. Le beau mot de Mathieu Môlé, *il y a loin du poignard d'un scélérat au cœur d'un honnête homme*, peut être vrai au physique et au propre ; mais il ne l'est pas au moral et appliqué au poignard acéré de la calomnie.

Je crois à la maxime du sage : *Curà de bono nomine*, prenez soin de votre réputation ; et je pense, avec Cicéron, que l'arrogance de celui qui foule aux pieds l'opinion des hommes sur lui-même, est toujours jointe à beaucoup d'immoralité : *Negligere quid de se quisque sentiat non solùm arrogantis est sed etiam omninò dissoluti.*

Je ne suis donc pas insensible aux injures, de quelque part qu'elles me viennent, ni même à celles du sieur Geoffroy ; et quand je considère que le journal où il lui a été loisible de m'insulter, porte le titre de *Journal de l'Em-*

pire, qu'il a un censeur établi par l'autorité, que les postes de l'Empire le distribuent tous les jours à un prix modique, et que ces circonstances lui donnent une sorte d'autorité, j'éprouve, je l'avoue, un sentiment trop pénible pour ne pas tâcher de m'en délivrer en repoussant les traits de la calomnie et en les faisant retomber sur le calomniateur.

J'ajoute quand, pour mon compte, je pourrois demeurer avec indifférence en butte à de pareilles imputations, membre de l'Institut et de la Légion d'Honneur, je dois aux deux corps à qui j'appartiens de me défendre, puisque c'est aussi leur considération que je défends.

Ma réponse pourra paroître tardive aux yeux de ceux qui ne désapprouvent pas que je réponde ; mais je puis expliquer ce délai.

J'ai dû la différer jusqu'à ce que l'auteur de l'article du *Publiciste*, qui, en signant A. M., m'a attiré cet orage, vint fortifier ma dénégation de son aveu, et il a rempli ce devoir ; mais je ne me crois pas, pour cela, dispensé de me défendre moi-même.

Je vais donc répondre à la seconde partie de la déclamation du sieur Geoffroy, celle qui touche ma personne et mon caractère moral.

Je réduis ses injures à quatre chefs :

1. *J'ai mené*, selon M. Geoffroy, *une vie méprisable*. La vie d'un homme de lettres est dans ses ouvrages et dans ses sociétés. Quels sont les travaux qui ont occupé ma vie, et dans quelle société ai-je vécu ?

Quant au premier article, dès les premiers pas que j'ai faits dans la carrière des lettres, et il y a plus de cinquante ans, j'ai porté mes études sur l'économie publique et sur toutes les questions relatives à l'organisation sociale, les droits sacrés de la propriété, l'importance de la culture, la simplification des impôts, la liberté du commerce dans toutes ses branches, celle de tous les genres d'industrie, la liberté civile, la liberté politique, la liberté de conscience, la liberté de la presse, etc.

Or, en parcourant cette carrière, voici les occupations qui ont rempli ma vie.

Dès 1758, un Mémoire où je développe les avantages de la libre fabrication des toiles peintes en France, où elle étoit alors sévèrement prohibée, et que M. de Forbonais, monsieur Abeille, encore vivant, et moi, nous avons contribué à faire établir au grand avantage de l'industrie française et du peuple consommateur.

En 1761, un Mémoire écrit sur l'invitation

de M. Trudaine, en faveur du transport des droits de douane aux frontières, mesure adoptée par le Gouvernement actuel.

En 1762, *le Manuel des Inquisiteurs*, petit ouvrage où la jurisprudence de l'inquisition est exposée dans toute son horreur, utile pour répandre l'esprit de tolérance, dont la superstition et l'hypocrisie cherchent encore à arrêter les progrès.

En 1764, deux ouvrages du docteur Gatti, sur l'*Inoculation*, rédigés sous la dictée de cet habile homme, à qui notre langue n'étoit pas familière et qui ont contribué à répandre en France, et à perfectionner la théorie et la pratique salutaire de l'inoculation.

En 1766, la traduction de l'ouvrage du célèbre Beccaria, *de i Delitti e delle Pene*, faite à l'invitation de M. de Malesherbes.

En 1769, deux Mémoires en faveur de la liberté du Commerce de l'Inde et contre la Compagnie privilégiée, dont un arrêt du conseil prononça alors la dissolution.

Dans cette même année, un *Prospectus* d'un nouveau Dictionnaire de Commerce, où sont traités quelques points importans de la théorie du commerce.

En

En 1770 , une *Réfutation des Dialogues de l'A. G.* sur le commerce des grains, où cette grande question est traitée à fonds.

En 1771 , un Écrit en faveur *de la Liberté de la Presse sur les matières de l'administration*, contre un arrêt du Conseil, donné sous l'abbé Terray , obstacle à l'instruction du Gouvernement lui-même, à qui il importe si fort d'être instruit.

En 1774, et les années suivantes, le travail du Dictionnaire de Commerce, que la révolution m'a forcé d'abandonner depuis, en me privant des secours que le Gouvernement me fournissoit, et dont les matériaux ont servi au Dictionnaire du Commerce, en 5 vol. *in-4°.*, rédigé par M. Peuchet.

En 1775, la *Théorie du Paradoxe* contre les extravagances de Linguet.

En 1786, la Traduction des *Observations sur la Virginie* de M. Jefferson , depuis, président des États-Unis , ouvrage où l'on peut puiser la plus solide instruction et les maximes de la sage administration qu'il a mise lui - même en pratique , lorsqu'il a été à la tête d'une grande nation.

En 1787 , un nouveau *Mémoire sur le Commerce de l'Inde*, au nom de onze villes prin-

B

cipales de commerce, pour réclamer la liberté qu'elles avoient perdue par l'établissement d'une compagnie créée par M. de Calonne.

En 1789, *Réflexions du lendemain* contre la suppression des dîmes sans remplacemens, et *Moyen de disposer utilement pour la nation des biens ecclésiastiques.*

Vers 1790, un long Mémoire imprimé, présenté à l'Assemblée constituante, au nom des provinces de l'Angoumois, du Quercy et du Limousin, invoquant les lois et les mesures d'une police vigoureuse contre les pillages et les incendies, dont ces provinces étoient le théâtre.

Vers la fin de l'an 3 de la République, un *Mémoire* en faveur de la veuve et des enfans du président Courbeton, égorgé par le Tribunal révolutionnaire de Dijon, et qui a contribué à leur faire recouvrer l'héritage de leur père.

Vers la même époque, à la fin de 1794, *Le Cri des Familles*, où j'ai plaidé la cause des enfans des condamnés par les Tribunaux révolutionnaires, et après lequel a été prononcée la restitution de leurs biens.

En 1795 et 1796, *la Cause des Pères et quatre autres Écrits,* dans lesquels j'ai com-

battu pendant quinze mois tous les rapports ten-
dans à obtenir les lois terribles qui ont frappé
les pères et mères et ascendans des émigrés.

En 1797 et 1798, quatre romans, traduits de
l'anglais : *Les Pénitens noirs*, *les Enfans de
l'Abbaye*, *Clermont et Phedora*, formant en-
semble 16 vol. *in*-12; occupation frivole pour-
ra-t-on dire, mais à laquelle j'ai été réduit par
le besoin, et dont je suis loin de rougir.

En 1798, les 9e. et 10e. livre de l'*Histoire
d'Amérique*, ouvrage posthume de Robertson.

En 1799, la traduction de l'ouvrage anglais
de Dallaway, intitulé : *Constantinople ancienne
et moderne*, 2 vol. *in*-8°.

Dans la même année, aux approches du 18
brumaire, *Observation sur la loi des Otages*,
où j'attaque de front cette horrible mesure, qui
nous annonçoit le retour de nos calamités, si
le grand homme ne se fût trouvé, qui devoit
raffermir les fondemens ébranlés de cet empire
par de sages lois, dictées du sein des plus écla-
tantes victoires.

En 1800, la traduction du *Voyage de Van-
couver*, ouvrage capital pour la navigation,
exécuté conjointement avec M. Démeunier,
aujourd'hui sénateur.

Enfin, en 1803, appelé par S. M. I. à l'Institut, dans la seconde classe, j'y ai porté, j'ose le dire, un zèle dont mes confrères me rendent un honorable témoignage. Je m'y suis appliqué tout entier au travail du Dictionnaire. J'y ai rempli plus d'une fois les fonctions académiques aux yeux du public, qui m'a donné des marques flatteuses de quelque estime et de quelque bienveillance, que je puis regarder comme autant de réponses aux invectives du sieur Geoffroy.

Je puis ajouter à cette énumération les articles que j'ai mis dans quelques volumes de l'*Encyclopédie* (dont le sieur Geoffroy me fait ridiculement un crime, ignorant que de graves théologiens, tels que l'abbé Yvon, le docteur Mallet et autres se sont rendus coupables du même délit), ainsi qu'un grand nombre de petits ouvrages de critique, de littérature, de morale et de philosophie, imprimés soit à part, soit dans quelques-uns de nos journaux les plus estimés, tels que *le Portrait de Mme. Geoffrin*, *le Legs d'un père à ses filles*, traduit de l'anglais du docteur Grégory ; divers *Essais : sur l'Imitation en musique*, sur *l'Esprit de contradiction*, un *Essai de recherches étymologiques*; quelques écrits sur la langue française à l'occasion du *Dictionnaire de l'Académie*, etc.

La *Défense de l'Académie française contre Champfort, les Critiques d'Atala et de Caleb*, et de quelques ouvrages de grammaire, etc.

Je ne veux pas qu'on me reproche de passer sous silence quelques malices, telles que les *Facéties parisiennes de 1760*, à l'occasion de la pièce *des Philosophes*, du *Discours de M. de Pompignan à l'Académie*, etc.; on peut les mettre, si l'on veut, au nombre des *delicta juventis* dont personne n'est exempt; mais lorsqu'à près de cinquante ans de distance un critique qui n'a pas eu les faits sous les yeux entreprend d'y trouver matière à des reproches injurieux, il ne mérite que le mépris.

C'est ainsi qu'un des coopérateurs du *Journal de l'Empire*, plusieurs jours après l'insultante déclamation du sieur Geoffroy, a eu la lâcheté d'imprimer encore que j'ai fait mourir la princesse de Robecq sous les coups de la satire, tandis que tous ceux qui ont gardé quelque souvenir de ces vieilles querelles, savent que Mme. de Robecq n'avoit point été nommée dans la vision, et qu'on n'en avoit rien dit autre chose, *sinon qu'une grande dame, bien malade, assisteroit à la première représentation*, ce que le prophète annonçoit après l'événement, trop public, pour qu'il y eût un délit bien grave à l'annoncer ; et qu'enfin , elle est morte , parce qu'elle étoit bien malade, sans que l'auteur de la vision pût croire en la voyant à la comédie qu'elle l'étoit au point de mourir dans le mois.

Je terminerai ce tableau en observant qu'en toute autre circonstance que celle où je me trouve, l'énumération que je viens de faire seroit ridicule ; car quel intérêt peut mettre le public à ces minutieux détails ; mais j'ose croire qu'elle est excusable ici où il s'agit pour moi de prouver que je n'ai pas mené une vie méprisable, ce que je ne saurois mieux établir qu'en me montrant au public constamment occupé d'objets utiles.

J'ai présenté comme un second moyen de juger ma vie les sociétés dans lesquelles j'ai vécu, et sur ce point le sieur Geoffroy me fait encore trop beau jeu.

A mon entrée dans la carrière des lettres, c'est-à-dire, vers 1750 , j'ai été accueilli par un homme d'état qui a laissé un des noms les plus respectés de notre ancienne magistrature , M. Trudaine, intendant des finances , dont les bontés sont devenues pour moi de l'amitié dans son fils et des égards dans ses petits-enfans. Vers le même temps, j'ai reçu des encouragemens et des instructions de M. de Gournay, intendant du commerce, et de M. de Males-herbes, dans la societé duquel j'ai été de bonne heure admis, ainsi que dans celle de M. de Fourqueux, intendant des finances, et dans celle de M. d'Invaux, contrôleur général, etc.

J'ai èu pour compagnons d'études, et plusieurs d'entre eux pour amis, M. Turgot; M. de Brienne, mort archevêque de Sens; M. de Boisgelin, mort archevêque de Tours; M. de Cicé, aujourd'hui archevêque d'Aix; le chevalier de Chastellux, etc.

J'ai été reçu chez Mme. d'Enville, mère de l'estimable et malheureux la Rochefoucauld; chez Mme. la maréchale de Beauveau, chez madame de Boufflers, chez Mme. Geoffrin, chez M. Necker, chez Mme. d'Angiviller, chez mademoiselle l'Espinasse; et toutes ces maisons sont connues en France et dans les pays étrangers pour avoir rassemblé la meilleure compagnie.

Pour parler des hommes de lettres, j'ai connu et pratiqué, dès le milieu du siècle dernier, ceux qui se sont les premiers occupés en France, avec quelque distinction, de l'étude de l'économie publique; M. de Forbonais, son parent Dangeuil, le respectable M. Abeille, que nous conservons encore, trois hommes à qui l'on doit les premiers ouvrages français où l'on ait traité de cet important objet.

Je nommerai aussi parmi les hommes avec qui j'ai été lié, la plupart des gens de lettres distingués que j'ai eus pour contemporains, tels que Mairan, Clairaut, Buffon, d'Alembert, Diderot, J. J. Rousseau, Raynal, Condillac, d'Holbac, Duclos, Saint-Lambert, Helvétius, Wattelet, Brecquigny, Roux, Darcet, Saurin, Marmontel, Barthélemy, etc.

Je ne pousserai pas plus loin cette nomenclature, et je me contenterai d'inviter le sieur Geoffroy à expliquer comment un homme de lettres qui a passé sa vie dans les sociétés que je viens d'indiquer, a mené une vie méprisable ?

Je sais que parmi les hommes que je viens de nommer il en est plusieurs que nos nouveaux zélateurs me feront un crime d'avoir connus, et, puisqu'il faut le dire, aimés. Le motif de ce jugement sera la liberté de penser de la plupart de ces hommes et leurs opinions extrêmes sur certains objets délicats.

On voit d'abord là que MM. les inquisiteurs supposent dans tous ceux qu'ils appellent philosophes une même façon de penser et les mêmes opinions. Il leur arrive, comme aux Jésuites de Pascal *de considérer tous ceux qui leur sont contraires comme une seule personne, et d'en former comme un corps de réprouvés dont ils veulent que chacun réponde pour tous les autres.* Ils supposent que tout homme qui a vécu avec d'Holbac a pris pour catéchisme le système de la nature, et que celui qui a été attaché à Helvétius a réduit comme lui les principes de la morale à l'intérêt.

Ils ne voient pas que c'est surtout dans une société de philosophes qu'est vrai l'axiome : *Vingt têtes, vingt avis, tot capita, tot sensus.* Qu'en aucun endroit peut-être on n'a combattu ces opinions plus fortement que dans les maisons dont le maître s'étoit creusé la tête toute la matinée pour les établir dans son cabinet.

Mais leur grande erreur en ceci est de supposer que c'est avec le métaphysicien qu'on vit ; et c'est avec l'homme d'esprit, avec l'homme social et doux, avec l'homme riche en connoissances utiles. Et que m'importe la manière dont il pense sur une question abstraite de morale ou de métaphysique, sujet que nous n'entendons peut-être bien ni lui ni moi ; que m'importe, dis-je, si je trouve en lui tous les agrémens de l'esprit et tous les charmes de la société.

Mais ce n'est pas tout, et quoi qu'en disent de fanatiques instituteurs, chez ces mêmes hommes taxés d'une trop grande liberté de penser, j'ai vu souvent toutes les vertus, l'éloignement du vil intérêt, la justice, l'humanité, la bienfaisance, la générosité, et surtout la passion du vrai, le désir ardent de le voir triompher de l'ignorance et de la sottise; voilà ce que j'ai aimé et recherché en eux; et si avec ces dispositions on peut les appeler méchans et pervers, je veux bien partager cette injure avec eux.

Je conçois pourtant et j'explique l'erreur du sieur Geoffroy sur l'article que je traite ici. Homme de collége, *absit injuria verbo*, fuyant peut-être en bon chrétien le monde corrompu, il n'a pas connu la bonne compagnie et a ignoré que depuis plus de cinquante ans j'y étois admis. Je ne me rappelle pas non plus de l'avoir jamais vu, ni même d'en avoir ouï parler avant ces derniers temps dans la société des gens de lettres au milieu desquels je vivois et qu'il n'a pas plus connus qu'il ne me connoît, quoiqu'il ait parlé de plusieurs d'entre eux en termes injurieux; et c'est en ignorant parfaitement où et comment j'ai vécu, qu'il prononce que j'ai mené une vie méprisable.

De quel nom peut-on appeler une si scanda-
leuse liberté ?

Je crois avoir suffisamment repoussé la première injure du sieur Geoffroy.

I I. La deuxième est que *j'ai abusé et mis-
tifié les ministres pour en attraper des pensions*, et j'ai plus d'une réponse à ce grief.

1º. Les hommes d'état que j'aurois fait mes
dupes étoient MM. Trudaine, d'Invaux, Turgot, Malesherbes, Necker, Fourqueux, Brienne,
Cicé et autres personnages distingués par leurs
lumières et leurs talens, que personne avant
le sieur Geoffroy n'a regardé comme dupes.

Je réponds en second lieu :

Le sieur Geoffroy peut bien se dispenser
d'être poli et juste envers ces hommes de l'ancien régime ; mais il va se trouver embarrassé
lorsque je lui montrerai les nouveaux ministres et l'empereur lui-même, me traitant d'une
manière à peu près aussi favorable.

Car depuis le retour de la monarchie et de
l'ordre j'ai trouvé ressource, protection et faveur auprès du nouveau gouvernement, j'en
ai eu des grâces littéraires. J'ai été appelé à un
conseil de commerce près le ministre de l'in-
térieur. L'empereur m'a fait membre de l'Ins-

titut, et ma classe m'a honoré de son choix dans la formation d'une commission dont je suis le secrétaire, pour la confection du *Dictionnaire de l'Académie*.

Enfin S. M. I. m'a décoré de l'étoile de la Légion d'Honneur.

Le sieur Geoffroy voudra-t-il bien expliquer au public par quel artifice, après avoir attrapé des pensions et des grâces sous l'ancien régime, en mistifiant les hommes d'état d'alors, j'en ai attrapé de nouvelles aujourd'hui.

Le sieur Geoffroy peut ajouter aux hommes en place que j'ai mistifiés le lord marquis de Lansdown, deux fois ministre en Angleterre, et qui, signant la paix en 1783, a demandé et obtenu pour moi du roi Louis XVI, par l'entremise de M. de Vergennes, une pension sur les économats, en motivant sa demande sur ce que j'avois, disoit-il, libéralisé ses idées, c'est-à-dire, contribué à établir dans son esprit les principes qui peuvent rapprocher les deux nations pour le bonheur de l'une et de l'autre.

III. Je passe à l'injure que m'adresse l'auteur du Feuilleton en me mettant au nombre *de ceux par qui ont été commis les plus grands excès de la révolution.*

Cet homme est bien maladroit de me faire un reproche auquel je puis répondre avec vérité et simplicité en invoquant la notoriété publique d'après laquelle je puis dire qu'il est constant, non-seulement qu'en aucune époque de la révolution, je n'ai participé aux injustices et aux crimes dont elle s'est souillée, mais que je n'ai cessé de m'élever contre les cruautés et de défendre les victimes, même en des temps où il y avoit quelque danger seulement à différer d'opinion d'avec les oppresseurs.

Il me suffit pour établir ce fait de renvoyer aux ouvrages cités ci-dessus et faits depuis le commencement de la révolution et notamment au Mémoire pour les provinces de l'Angoumois et du Quercy, au Mémoire pour la famille Courbeton, au *Cri des Familles*, à la *Cause des Pères*, et aux écrits qui l'ont suivie, enfin à l'écrit *contre la loi des ôtages.*

Il est vrai qu'à la naissance de nos troubles j'ai désiré et espéré, comme tous les hommes éclairés de mon temps, des réformes utiles; j'ai réclamé avec eux quelque garantie de la liberté que l'ancien régime avoit laissé disparoître : j'ai désiré des états-généraux et le doublement du tiers , à la condition que la représentation seroit dans les mains de la propriété : j'ai souhaité l'ordre et l'économie dans les revenus publics, etc.

Mais dès que j'ai vu la licence du peuple et la foiblesse et l'incertitude de l'autorité amener des excès qu'on s'efforce vainement aujourd'hui de donner comme des suites et des conséquences nécessaires des idées libérales , dès que j'ai vu, dis-je, ces excès, je les ai combattus de toutes mes forces, et sitôt qu'il a été possible, non pas de parler et d'écrire sans danger, mais de parler et d'écrire, j'ai parlé et j'ai écrit.

J'ai combattu les crimes et les excès de la révolution, loin d'en être coupable; j'ai défendu la cause de la veuve et de l'orphelin, et celle de ces familles anciennes précipitées de la prospérité brillante dans la plus profonde misère ; et celle des Français fugitifs soupirant après leur ancienne patrie, et celle des nobles menacés, avant le 18 brumaire, d'une expulsion générale semblable à celle qu'ont éprouvée en Espagne les Maures et les Juifs ; et c'est moi que le sieur Geoffroy ose mettre au nombre des hommes coupables *des excès de la révolution !*

Et pendant ces temps malheureux, que faisoit le sieur Geoffroy ? Par quelle bonne action, par quels travaux, par quel caractère éprouvé s'élevoit-il à la dignité de censeur, de juge de la morale et des devoirs des citoyens ? Il va nous le dire lui-même :

« Enseveli dans une profonde solitude pen-
» dant la révolution, désespérant de faire en-
» tendre raison à des illuminés, persuadé qu'on
» lutteroit inutilement contre le torrent, l'é-
» tude seule pouvoit détourner mes regards des
» maux dont la patrie me sembloit menacée,
» et je n'ai reparu qu'avec l'ordre et la tran-
» quillité ».

C'est-à-dire, que, comme Sosie sous la tente, avec sa bouteille et son jambon, il prenoit courage

Pour nos gens qui se battoient.

Et c'est ce personnage qui se donne le droit de donner ou de refuser des certificats de bonne conduite pendant les horreurs de la révolution !

IV. Il me reste à prouver, contre le sieur Geoffroy, que je ne suis point *un malhonnête homme, un brouillon, un perturbateur des lois et du gouvernement de mon pays.*

On ne revient pas d'étonnement de voir, en un pays policé, un citoyen paisible vivant sous la protection des lois, appartenant à des corps respectables et honorés, dénoncé à la France et à l'Europe entière par un individu sans autorité, sans caractère, comme un malhonnête homme et comme un ennemi public.

Il faut voir, dans le Feuilleton, comment le sieur Geoffroy triomphe d'avoir imaginé si heureusement de me qualifier de malhonnête homme, expression qu'il a employée en trois endroits différens. *Oui*, dit-il, *un malhonnête homme ; il faut trancher le mot : le bon homme aura beau se débattre sous ce mot terrible, il faut qu'il le digère.*

Eh! oui, Monsieur Geoffroy, je le digère en effet assez bien, comme vous voyez, et je vous assure qu'il n'a pas troublé ma digestion. Mais assurément la vôtre étoit troublée lorsque vous avez écrit ces brutales paroles, et qu'insultant à mon âge même, et sans égard pour les corps honorables dont je suis membre, vous vous êtes applaudi d'une grossièreté dont vous pouvez vous flatter d'avoir donné le premier exemple dans un ouvrage périodique.

Mais ce n'est pas assez pour le journaliste
qu'une

qu'une grossièreté, il faut qu'il y ajoute une dénonciation dans le style révolutionnaire, en me traduisant comme un mauvais citoyen, perturbateur des lois et du gouvernement de mon pays. Vil délateur! où? quand? comment ai-je insulté aux lois? Par quel acte me suis-je montré perturbateur du repos public et ennemi du gouvernement? Articulez les faits, dites les lieux, les temps où je me suis rendu coupable? Et si vous dites que ce n'est pas par des actions, mais par des ouvrages, citez donc des écrits dans lesquels j'aie insulté les lois et cherché à troubler la tranquillité publique? Que, si vous ne pouvez répondre un seul mot à aucune des interpellations que je vous fais, demeurez couvert de l'opprobre qui attend le calomniateur confondu.

Eh! comment serois-je ennemi de ce gouvernement qui nous a rendu l'ordre et la tranquillité intérieure, qui va nous donner la paix, qui m'a comblé moi-même de faveurs, qui a préparé des secours à ma vieillesse, et sous lequel la fin de ma longue carrière ne sera, je l'espère, troublée que par les maux que la nature ne peut épargner à l'homme aux approches de sa fin?

Ma cause est désormais complètement instruite ; mais je dois demander humblement pardon à mes lecteurs de les avoir entretenus si long-temps de moi.

Je conçois que la plupart auront trouvé ma justification surabondante, et se seront impatientés de mon obstination à ne rien laisser sans réponse et à démontrer l'ignorance, la mauvaise foi, l'injustice de l'auteur du Feuilleton, dont ils étoient vrasiemblablement déjà convaincus ; mais il faut pardonner à celui qui plaide sa propre cause d'être un peu diffus. Je m'excuserai aussi par le sentiment que Tacite prête aux anciens Romains écrivant leur propre vie, « non par orgueil, mais soutenus par la confiance que leur inspiroit un caractère connu de leurs concitoyens » :

Suam ipsi vitam narrare fiduciam potius morum
Quàm arrogantiam arbitrati sunt. AGRIC.

Je leur ferai observer aussi que les détails dans lesquels je suis entré ne sont que des faits que j'ai dû rappeler, puisqu'en repoussant des injures personnelles, on est bien obligé de parler de soi.

J'espère enfin que l'ennui que j'aurai causé accroîtra chez mes lecteurs leur indignation contre l'homme absurde et injuste dont il a fallu

démontrer si longuement l'injustice et l'absur-
dité.

Il me reste maintenant à porter l'attention de
mes lecteurs sur le fait qui a amené toute cette
discussion et sur quelques circonstances qui
l'accompagnent ; et je le dis avec vérité, c'est
ici le motif principal qui m'a fait prendre la
plume, et non pas le besoin de réfuter des imputations fausses jusqu'au ridicule.

Je ferai d'abord observer les inconvéniens ré-
sultant de la satire du genre de celle à laquelle
je me vois forcé de répondre.

Je conçois que le Gouvernement, occupé
d'objets d'une toute autre importance, et qui
voit de trop haut ces petites querelles, peut
penser qu'il ne doit pas y intervenir. Il ne
sauroit voir avec indifférence une insulte faite
aux mœurs et à l'honnêteté publique, et la réputation d'un citoyen déchirée dans un journal
par des injures et des calomnies ; mais le mépris
qu'on ne cache pas pour l'homme décrié, coupable de ces excès, dérobe celui-ci à la puni-
tion. On croit pouvoir se dispenser de punir en
lui l'intention, parce qu'on suppose qu'elle est
demeurée sans effet.

Mais qu'il me soit permis d'exposer ici avec
liberté une opinion différente.

Outre le devoir imposé au gouvernement de défendre le citoyen de la calomnie et même de la diffamation, il doit s'efforcer de nourrir dans une nation le sentiment de l'honneur, sans lequel elle s'avilit, et le désir d'obtenir et de conserver l'estime et la considération de ses semblables, puissant motif d'éviter le crime et de pratiquer la vertu.

Rien de plus funeste que de rendre les hommes indifférens à l'opinion qu'on a de leur moralité. Nous sortons d'une révolution qui nous a fourni en ce genre les plus fâcheux exemples. Il est temps que le Gouvernement s'occupe d'en effacer et d'en détruire les impressions. Mais quelle force peut avoir le motif de l'honneur et de l'estime publique, s'il dépend d'un seul homme de flétrir en un moment une réputation jusque-là sans tache, et, si celui qui s'est efforcé toute sa vie de la mériter, peut être en une matinée, au gré d'un journaliste, proclamé malhonnête homme auprès de trois ou quatre cent mille lecteurs ?

Je ne crois pas qu'aucun homme raisonnable et ayant quelque sentiment du juste et de l'injuste, puisse penser qu'une telle manière d'insulter et de déchirer un citoyen puisse être tolérée en aucun pays policé.

Cette opinion doit même être indépendante de la justice et de la vérité des imputations. Le particulier sans autorité qui traite ainsi dans un écrit public celui avec lequel il est en querelle, auroit beau avoir en main des preuves de la vérité de ses accusations, il n'en seroit pas moins digne de blâme et de peines sévères, par la raison que ce seroit de sa part s'arroger un pouvoir de juger et de condamner que la société politique ne lui a pas donné, qu'il est un usurpateur de l'autorité sociale confiée aux seuls magistrats établis juges des querelles entre les citoyens.

Et il ne faut pas s'y tromper. Il importe à tous les membres d'une société politique, en quelque rang qu'ils soient et de quelque pouvoir qu'ils soient revêtus, d'établir et de maintenir cette maxime. Car, qui peut être à l'abri d'un pareil assassinat ? Sans doute il est un grand nombre de personnes que leur état, leur place, leur crédit mettent actuellement à couvert de ce danger ; mais, supposez quelque changement dans les circonstances, et quelques jeux nouveaux de la fortune, et celui qui est aujourd'hui peu touché de voir une victime de la calomnie, en sera victime à son tour.

Non, on ne peut voir sans effroi s'élever et se

soutenir une semblable puissance, et l'on concevra qu'elle est bien redoutable, en considérant que dans l'état actuel des choses il ne reste à celui qui en est opprimé aucun moyen de défense suffisant.

La publication périodique et surtout journalière, donne à l'insulte et à la calomnie une force et une étendue presque sans bornes. En vertu de cette diffusion et de cette périodicité, dix mille, vingt mille, que dis-je ? deux et trois cent mille lecteurs en sont imbus en une matinée, et les parties les plus éloignées de la capitale d'un grand pays en moins d'une semaine ; et dès-lors le citoyen qui est l'objet d'une attaque semblable ne peut que succomber.

On dit quelquefois à celui qui est attaqué dans un journal : Écrivez de votre côté ; répondez ; le public vous jugera. Mais on oublie qu'une brochure n'est lue que par un petit nombre de personnes ; qu'il faut un long temps pour qu'elle se répande ; qu'elle n'est pas connue de ceux qui ont reçu les impressions données par le journal, ou qu'elle l'est trop tard ; de sorte que le remède est tardif et insuffisant.

On n'a qu'à imprimer, dira-t-on, la réponse dans un autre ouvrage périodique ; mais celui-ci ne sera pas lu de ceux qui lisent l'autre ; et, s'il est moins répandu, l'impression faite sur les esprits demeure.

Enfin, on ne peut s'empêcher de voir le combat entre un écrivain périodique qui a une grande vogue et le citoyen insulté, comme celui d'un homme armé de toutes pièces contre un homme sans arme ou mal armé.

On vous dit aussi : Vous avez la voie des tribunaux ; rendez votre plainte ; on y fera droit.

Ainsi, pour repousser une calomnie, le repos de ma vie sera troublé. Je serai obligé d'aller faire discuter ma probité comme la propriété d'un mur mitoyen. Mon calomniateur ne sera pas en peine pour trouver un homme de loi insolent et bavard qui ajoutera plaie sur plaie, et qui, pour justifier son client de m'avoir insulté, m'insultera de nouveau ; et, après avoir été traîné d'audience en audience, j'obtiendrai peut-être du tribunal de mon arrondissement une sentence qui amenera pour moi cet heureux résultat « qu'il n'est pas prouvé que je suis un malhonnête homme » ; ce qui pourra être connu de mon quartier ou tout au plus de la ville que j'habite, et ce qui demeurera ignoré des dix-neuf vingtièmes de ceux à qui le journal m'a dénoncé.

N'y a-t-il donc, dira-t-on, aucun moyen de concilier quelque liberté dans les journaux, moyen utile d'instruction publique, avec quelque sécurité des citoyens contre un guet-à-pens préparé par un journaliste.

Oui, il y en a, et voici ceux que je prends la liberté de proposer :

1°. Un exemple bien public dans la destitution du censeur, plus coupable que l'auteur même de l'article, puisque, chargé d'empêcher les écrivains de s'écarter du respect dû au Gouvernement, il est aussi le gardien des droits et de l'honneur des citoyens. L'auteur peut être irrité par une attaque violente, et s'abandonner sur son ennemi, c'est au censeur à modérer son emportement, et à empêcher qu'il n'en résulte un délit contre la sûreté et l'honnêteté publique, et contre le droit que tout citoyen a de conserver sa bonne réputation, tant qu'il n'a pas mérité de la perdre auprès de la société.

Le second remède que je propose est d'imposer à tout auteur d'un ouvrage périodique, l'obligation d'insérer dans son propre journal la défense du citoyen insulté personnellement, et de l'y insérer sans frais, sans aucun délai, sans aucun retranchement, sans aucune modification que celles qu'auroit jugées nécessaires un censeur bien impartial et distinct de celui du journal.

Je dis *insulté dans sa personne*, parce que c'est contre ce genre d'injure que je veux qu'on fournisse des moyens de défense et non contre une critique, même déraisonnable et injuste, d'un ouvrage de littérature ou de philosophie.

Si donc l'écrivain périodique s'étoit permis des injures personnelles, on trouveroit son délit caractérisé et ses calomnies repoussées dans son propre journal.

Si dix mille exemplaires de sa feuille avoient été les organes de sa mauvaise foi ou de son insolence, dix mille exemplaires de la réponse en détruiroient les effets et le livreroient lui-même au mépris et à l'indignation publique, s'il avoit mérité l'un et l'autre.

Si l'on veut se convaincre de l'efficacité de ce moyen, on n'a qu'à se représenter un moment le dépit mortel qu'éprouveroit le calom-niateur, obligé de répandre lui-même sa honte. Plus sa peine seroit grande, plus il est évident que le moyen seroit bien choisi.

Je ne doute pas qu'en lisant ceci le jour-naliste

Qui rit du mal qu'il fait et nuit sans être utile,

ne se récrie que ce seroit une étrange oppres-
sion de le forcer d'insérer dans son journal la
réfutation de ce qu'il auroit avancé, que ce
seroit donner atteinte à sa propriété, etc.

Mais je ne suis point touché de ces plaintes:
la réputation d'un citoyen est aussi sa propriété.
Vous vous permettez de l'attaquer dans votre
journal, c'est-à-dire, sur votre terrain, il demande à vous combattre aussi dans le même
champ clos, et d'y être armé comme vous de la
publicité du journal, qui est le moyen le plus
puissant que vous avez de lui nuire.

La justice et la vérité sont-elles de votre côté?
votre antagoniste ne pourra pas vous enlever
ces avantages, uniquement parce qu'il aura
plaidé sa cause devant les mêmes juges que
vous avez déjà instruits. Si vous avez eu tort,
si vous avez calomnié sciemment, ou parce que
vous avez été mal instruit, vous ne pouvez pas
raisonnablement être blessé de ce qu'on dé-
trompe les esprits que vous avez égarés. L'amour-
propre peut vous donner une autre impulsion,
mais la société n'est pas obligée de ménager
votre amour-propre.

Quant au Gouvernement, on ne peut lui
contester le droit d'imposer au journaliste une

semblable condition, et il y en a une raison sensible.

La force d'un journal pour produire ces fâcheux et puissans effets n'est pas celle du journaliste, c'est une force empruntée et qu'il tient du Gouvernement même. Cette extrême et rapide diffusion qui donne tant de puissance à l'injure, est le résultat de la facilité que donne la poste pour distribuer tous les jours dans la France entière et dans toute l'Europe, douze ou quinze mille exemplaires d'un journal qui sera lu par trois ou quatre cent mille personnes.

Mais puisque c'est de cette circonstance et du fait du Gouvernement que le journal tire cette grande puissance de nuire, puisque c'est-là la cause de l'impossibilité où le particulier est de se défendre; ne peut-on pas en tirer cette conséquence, que c'est au Gouvernement à fournir à celui qui est attaqué les moyens de défense, comme il donne à l'agresseur les moyens de l'attaque, et qu'en remplissant cette obligation, il ne fera qu'user légitimement de son pouvoir.

Si la mesure que je propose n'étoit pas adoptée et rendue générale, je demande toujours à qui il appartient que ma défense, ou un extrait que j'en fournirai, soit imprimée par l'imprimerie et aux frais du *Journal de l'Empire*, *en même papier et caractères*, *et en même nombre* que le journal, et envoyé aux mêmes adresses, de quoi l'administration de la poste certifiera, dans la semaine, le ministre de la police générale.

Telles sont les réflexions que m'a suggérées la lecture du Feuilleton du sieur Geoffroy. Je finis en supplians mes lecteurs de croire que les injures du journaliste ne m'ont pas ému, qu'elles n'ont pas troublé la paix de mon âme, et qu'il ne s'est mêlé chez moi aucun sentiment de colère, au profond mépris qu'inspire aux honnêtes gens un tel abus de la presse.

Et pour faire entendre à cet égard ma disposition, je rapporterai un trait ancien qui paroît avoir ici son application, car on trouve tout dans les anciens.

Aulugelle, au chap. XXVI de son Ier. livre des *Nuits Attiques*, demande à son maître le philosophe Taurus, *si le sage se laisse aller à la colère*. Taurus, après avoir traité le sujet avec quelque étendue, ajoute : telle est mon opinion, et à ce propos je vous dirai un trait de notre compatriote le docte et sage Plutarque. Il avoit un esclave, très-mauvais sujet, ayant quelques idées des ouvrages et des discussions des philosophes, recueillies des conversations de son maître avec ses amis. Plutarque l'ayant fait dépouiller, et le faisant fouetter pour je ne sais quel méfait ; le coquin d'abord s'écrioit qu'il n'avoit point commis de faute ; mais bientôt, au lieu de gémissemens et de pleurs, il se prit à injurier son maître. « Vous souillez, lui disoit-il, votre caractère. Il est honteux à un philosophe de s'abandonner à la colère, contre laquelle lui-même a fait un beau Traité. Vous êtes en contradiction avec votre livre, lorsque vous vous emportez ainsi à me faire déchirer de coups ». A cela Plutarque, d'un ton doux et paisible : comment Dave, est-ce que je te semble en colère. Quel signe en vois-tu chez moi, dans ma voix, mes traits et la couleur de mon visage ? Mes yeux sont-ils enflammés, mes lèvres sont-elles tremblantes, ai-je jeté des cris, ai-je frappé la terre du pied, me suis-je agité violemment, ai-je proféré une parole dont j'aie à rougir ou à me repentir, car ce sont-là, si tu l'ignores, les signes de la colère..... Puis se tournant vers le fouetteur, qui avoit interrompu un moment l'exécution. *Continuez*, lui dit-il, *faites votre besogne, pendant que celui-ci et moi nous disputons.*

Ma citation de Plutarque peut paroître hors

de propos, en ce que je n'ai pas puni Dave-
Geoffroy de la peine qu'il a si bien méritée, et
que je n'ai fait que mettre sous ses yeux l'indi-
gnité de sa conduite, mais je crois que ma modé-
ration même sera pour lui un rude châtiment,
en lui prouvant mieux que tout ce que je pourrois lui dire, le profond mépris que je fais de
ses injures, par la tranquillité que je conserve
en les repoussant.

FIN.

ERRATUM.

Page 11, ligne 8, *lisez*, Quinze mille souscriptions
en caractères romains au lieu *d'italiques.*

www.ingramcontent.com/pod-product-compliance
Lightning Source LLC
Chambersburg PA
CBHW061243030726
47595CB00004B/1682